JN410509

실리콘 소녀의 꿈

최분임 시집

문학의전당 시인선
0289

실리콘 소녀의 꿈

최분임 시집

문학의전당

시인의 말

타이르는 이 없는 습관의 거울
쩍쩍 금 간 말들

이 날카롭고 부끄러운 기록들

2018년 7월
최분임

차례

시인의 말

제1부

첫사랑 13
복숭아의 꿈 14
매조도(梅鳥圖)를 두근거리다 16
부활초 18
맨드라미 20
실리콘 소녀의 꿈 22
백련 24
배롱나무 연애 25
솟대의 안쪽 26
10월 28
교육의 힘 30
식은 꽃 32
슬픔이 우려지는 동안 34
벗꽃 기별 36

제2부

봄비 39

겨울 관곡지(官谷池) 40

채석강 도모지 42

가난한 이별 44

오이도(烏耳島) 독백 46

춘화(春畵) 48

슬픔의 외곽 50

첫사랑 2 52

담벼락의 증언 53

꽃바구니 자동차 54

섬진강 이별 56

길 58

일몰의 이름 60

너에게 가는 길 62

제3부

목련꽃 피는 골목 65
붉은 파밭 66
불두화는 지고 68
저수지의 구두 70
저문 생각 72
모란의 기억 74
오래된 강 75
11월 76
웅크림을 헤아려보다 78
월담 80
폐허 81
오동나무論 82
찰나를 걷다 84
방울토마토 86

제4부

봄빛 89
빈 목간(木簡)을 읽다 90
수종사(水鐘寺) 92
민들레 94
개심사(開心寺)를 훔치다 96
출문간월도(出門看月圖) 98
쉼표 100
치매 102
매화나무 수유(授乳) 104
봄이 오는 길 106
은행나무를 일으켜 세우다 107
오이도를 다시 쓰다 108
너를 읽는 법 110
백련(白蓮)에게 묻다 112

해설 | 맨드라미 붉디붉게 피는 오늘 113
최서진(시인·문학박사)

제1부

첫사랑

항아리에 꽂아둔 나뭇가지에
배꽃이 왔다

아무 일 없는 하루 끝에서
잠시 일었다 스러질
앳된 얼굴
그 아련한 신앙

배꽃 그림자 위에 띄운
하얀 입술

당신이 모르는 방향으로
당신이 알 수 없는 속도로

초승달이 떴다

복숭아의 꿈

이상도 하지
기척 없이 뺨이 붉어지고 있다
변변한 약속 없이 내 몸에선
당신의 손때가 묻어난다
당신이 내려보낸 저 빛의 사다리가 거리라면
허공을 걷는 내 生의 시간을 접어 버리고 싶다
툭, 먼 우주로 내동댕이쳐진
이름 모를 별처럼 착실하게 잊히고 싶다
몸속 나이테가 당신을 수혈 받는 동안
가슴이 토해내는 통증, 수억 광년 속도에 실린
그리움의 이목구비를 가로지른다
서로에게 목격된 적 없어
더 뜨겁게 달아오르는 오후
곁눈질 많은 바람이
달콤한 당신을 내 귓속에 불어넣는다
칼끝을 대지 않아도 뭉크러지는 마음은
당신이 가미된 단맛이라
슬픔만 따로 꽉 깨무는 씨앗이 필요하다

이 곡선의 방향, 길 잃은 유랑은 고스란히
떫은맛 어제에 복종한다
복종의 힘으로 점점 굵어지는 풍경들을 훔치며
하루치의 심장을 탕진한다
태양인 당신에게 닿기 위해
눈먼 높이를 흉내 낸다

더러 당신을 따려다
나를 딴 사람들 손이 뚝 뚝 붉게 물들었으니

매조도(梅鳥圖)*를 두근거리다

치맛자락에 달라붙는 연둣빛을 털어내고 들어왔습니다.

세월의 말간 걸음걸이 당신의 기별인 듯 이곳은 염두에 두지 말라고 한바탕 퍼붓고 돌아섰습니다. 녹슨 쟁기, 가슴에 고랑을 만드는 기척을 다 북돋워주지 못했습니다. 땅이 속눈썹을 떨며 일어서는 악착, 봄이라 불러주지 못했습니다.

봄빛 우북한 매조도가 우물물 한 바가지에 꽃잎 몇 띄워 건네는 그 품을 헤아립니다. 한기 끝에 매달린 꽃을 고쳐 눈물 내려놓으라는 당부로 읽습니다. 뒤돌아보는 새 한 마리, 꽃 대신 당신에게 낯선 얼굴이었을 때 분홍에 가까웠던 시간을 묻습니다. 위리안치(圍籬安置)된 매화나무, 여백의 방향을 결정짓지 않고 가장 먼저 도착합니다.

처마 밑 둥지를 튼 슬픔이 툭 하면 날개를 펴는 통에 매조도 속 나뭇가지, 비어 있기 일쑤입니다. 털썩 주저앉은 툇마루를 물고 날아가는 새 두 마리, 먼 강진이 깃털처럼 흩날려도 다홍치마 화폭 당신은 끄떡도 않습니다.

뒤돌아보면, 그리움은 그림자조차 거느리지 않고 피는 꽃 아니던가요. 뿌리도 모르고 향기도 없이 왈칵, 쏟아지는 허방 아니던가요.

---

*유배 중이던 다산 정약용이 시집간 딸을 위해 부인의 치마폭에 그린 그림과 시.

부활초*

푸른 피를 싹둑 자르거나 흘리지 않았는데
뿌리 뽑힌 한 구의 미라로 떠돈다
언제 물을 만나 씨를 퍼뜨리게 될지
층을 이루고 싶은 무게중심이 바싹 타들어간다

사막이 공처럼 말아놓은 몸을 수시로 걷어찰 때
지평선 낮은 자세를 바퀴로 장착한다

하늘의 미간에 낀 먹구름을 의심하는 동안
뿌리의 수심은 수십 리 눈물길이다
이곳에서 비가 허락하는 일이란
말라버린 꿈을 맹렬하게 불러보는 일

툭 툭 빗방울 듣던 아랫도리
비릿한 잉태의 자세로 돌아서는 순간
일제히 무덤을 걷어차는 씨앗들
싹이 꽃이 열매가 강박의 속도로 온다
길들여지지 않은 방향에서

식은 핏줄들

부활한 맨발의 한 生이
또 한 죽음으로 달려가는 그사이
매파(媒婆) 같은 찰나가 뜨겁게 서 있다

간절하지 않은 生은
어디에도 없다

---

*사막에서 자라는 식물로 가뭄 때 죽은 것처럼 지내다가 비를 맞거나 수분 공급이 되면 살아나는 놀라운 생명력을 지니고 있다.

맨드라미

담벼락에 줄지어 선 입술들이
화농처럼 들뜰 때
변변한 몸뚱이도 없이 잠시
사창가 어느 골목이 펼쳐지고 있다

골목에 기댄 사연들 한 계절 반짝 피는데
평생의 핏빛을 다 쓰는지 하나같이 붉디붉다

낮은 키가 건네는 앳된 추파
너를 맞닥뜨린 시간을 마구 휘저어놓는다
손가락질이 포함된 붉은 조명이
네 속살보다 먼저 신파 같은 웃음을 터뜨린다

삶은 때로 맨몸을 해석하고 남겨진 화대 같은 것
세상 어디에나 있을 손때 같은 것
허둥대며 돌아서는 혀에 오톨도톨 돋아난 혓바늘 무성하다
등 뒤 깔깔거리는 네 위악의 배웅이 검붉다

정수리 구불구불한 역마살이
마지막 자존심처럼 치켜든 볏의 자세
바닥나는 순간까지
꽃의 형량을 살고 있는 너

가까스로 골목의 혈색으로 팔리고 있다

실리콘 소녀*의 꿈

이 육체가 내 것인가요. 내 전생이 이렇게 윤기가 흘렀나요.

부드러운 붓끝이 긴 침묵을 깨웠나 봐요. 더 이상 인기척이 나지 않는 몸, 풍화된 응어리를 들추려는 건 아니에요. 서늘한 주검 옆 열여섯 어린 몸뚱어리 하나 내려놓을 때 나, 그 자리에 없었거든요. 공포가 손도끼보다 먼저 영혼을 내려쳤죠. 풀리지 않는 마음은 내 사랑이 조각났기 때문일까요.

가시처럼 일어서던 공포 살뜰히 발라먹은 뼛조각들, 항아리에 밀봉된 내 생각 열어보고 싶으세요. 화석 같은 이빨 사이 혹 남아 있을지도 모를 태모시 잘근잘근 쪼개던 새벽을 들려줄 수도 있을 것 같은데. 무릎 위 꾸벅꾸벅 졸던 별까지 데려올 수도 있죠. 시간이 담긴 것이라면 그 어떤 것도 가치로 환산되는 곳인가요. 지금 이곳은…….

환지통 같은 기억을 거슬러 가면 거기, 채 피지 못한 꽃봉오리 묻어버린 가야는 지금 홍성한가요. 돌개바람에 꽃을 다 쏟아버린 탱자나무, 제 가시에 찔려 피 흘리던 세월은 눈도 귀도 없는 먼 태초의 이야기인가요.

사립문에 기댄 당신의 마고자가 털썩, 떨어뜨린 달빛을 다녀오곤 했어요. 이루지 못한 인연이 건넨 금동 귀걸이 한 짝, 신혼이다가 고물거리는 아이들까지 보여주었지요. 속죄하듯 밤마다 무덤을 파고들던 피리 소리, 어느 쪽 귀에 묻어뒀는지 가물거리네요. 육탈이 접은 생의 풍경들 다 일으켜 세우고 나면 다시 상처 같은 들창 하나 낼 수 있을까요.

모두의 관심은 사라진 내 오른쪽 귀걸이에 쏠려 있군요. 징표로 주고받은 연모의 귓불에도 현미경을 들이대는군요. 그럼, 주검을 섬기기 위해 죽음 쪽으로 돌아눕던 슬픔은 발견되지 않았나요. 사금파리처럼 깨진 내 꿈은 언제쯤 발굴될까요.

---

*2006년 경남 창녕 송현동 고분에서 발견된 가야 여성 인골을 첨단 과학으로 복원한, 순장 소녀 송현이.

백련

거기, 헛것처럼
백자 밥그릇들 숟가락을 부르고 있다

어떤 출발이
붉은 박수도 없이 뗀 첫걸음마
푸른 앞치마로 가린 채
어머니
희고 윤나는 고봉밥을 들어 보인다

그리운 것들은
왜 저쪽에서 이쪽으로 어른거리는 걸까

젖을 궁리가 필요 없는 꽃
파문으로 서성이는
거기

당신이 홀연하다

배롱나무 연애

시장 좌판에서 생을 마감한 어머니 니 아부지 곁은 죽어도 싫어야, 라는 말 빗물이 봉하고 있었네. 후줄근한 억하심사가 슬픔을 훌쩍 뛰어넘었네. 가슴은 묻고 머리로 치르는 장례였네. 낯선 입문(入門), 뚜껑을 닫을 수 없었네.

무덤 한 귀퉁이에 구메밥처럼 밀어 넣은 틀니를 우격다짐으로 뺏으셨나. 아버지 무덤 앞 배롱나무 꼭꼭 씹어 먹은 주검으로 환하게 피어나고 있었네. 지어미 고사목을 향해 얼굴 붉히고 있었네. 가까운 이승이 먼 저승을 불러 홍정을 하고 있었네.

다른 곳을 바라봤던 기억 꽃으로 떨이해 버리고 긴 잠에 들자고 아버지, 지어미에게 연애를 걸고 있었네. 습관처럼 고요를 윽박지르고 있었네.

솟대의 안쪽

새벽 갯골 전망대에 올라
솟대로 도망친 당신
오래 떠돈 날개를 묻는다

뿌리내리지 못한 날갯짓이
뿌리내린 가족을 다시 고르는 순간
집은 살얼음을 숨긴 벌판, 바람만 살아있었다

자주 뒤집어지는 양은 두레반상 앞에서
울음으로 가는 어린 새들
안 보이는 꿈 안 들리는 희망을 퍼덕일 때
하현을 건너는 솟대 웅크린 그림자를 늘이던 어머니
잠긴 빗장이 삐거덕 소리를 냈다

추억 상처 같은 지나면
가족이 되는 둥지를 더듬거리다 보면
바람을 걸러낸 성긴 깃털이
모르는 시간을 몰래 내다버리는 게 보였다

화염을 지난 솟대
한 그루 나무를 향해 걷고 있었다

지평선 소실점으로 멀어진
슬픔을 마중하기 위해 솟대를 찾아간다
홍정처럼 계속 따라붙는 솟대의 그늘이
내 갈비뼈로 만져진다
갈비뼈에서 꺼낸 태양
얼굴 붉힌 길 수천 개를 펼쳐 보이는
또다시, 아침

10월

보이니껴, 한 줌 햇살이 짊어졌던 벼랑을 내려놓는 시간이니더. 이녁이 밤새 쏟아낸 한 됫박 기침 소리, 저 단풍나무 붉게 멍든 거 보이니껴.

이녁이 사납게 후려치고 떠난 계절, 자식도 캄캄하고 여자도 캄캄하고 풀썩 주저앉으니 저 나무속 어둠이디더. 이녁이 푸른 바람으로 떠돌 동안 바람 많은 곳에서 바람을 맞았디더.

삶과 죽음의 경계, 면도날처럼 아슬아슬했니더. 목숨은 종이 한 장처럼 얇고 날카로워 햇살 한 줄기에도 피 흘린 날 많았니더. 그래도 살아야 하지 않겠냐고 먹빛으로 얼룩진 이파리들 품을 파고들 때면 후드득, 빗소리에 실린 바람을 마중하고 있었니더. 초록의 이파리들 팔락, 죄를 씻어주는 눈빛이디더.

마음은 이미 뿌리로 돌아가 단단한데 몸은 병든 잔가지를 쳐내고 있디더. 모질게 돌아서지 못한 생각이 하는 일이란 기껏해야 부러지고 찢어진 기억을 손보는 일, 그렇게 날이 가고 달이 가디더.

천 년 전 약속인 듯 안간힘이 어둑어둑해지길 기다리는 저 바람 소리, 또 뼈에 쌓이니더.

교육의 힘

해경이 곧 온대잖아, 그만 울고 구명조끼나 제대로 입어. 배 옆구리에 선장처럼 든든한 구명정도 주렁주렁 달렸던데 뭐가 걱정이야. 떠오르지 못하는, 끔찍한 상상은 제발 그만 둬. 우리가 배운 것들이 틀렸다고 생각하니. 누굴 믿지 못하는 건 아주 나쁜 습관이야. 쓸데없는 예감도 저 맹수 같은 파도 아가리에나 던져줘. 맹골수로라 함부로 뛰어내리면 물고기 밥이 될 수도 있대잖아. 배가 흔들린다고 추억까지 흔들어야겠니. 어른들 말 잘 듣는 건 네 장점이잖아. 그래, 그렇게 웃으니까 어젯밤 불꽃놀이가 다시 시작되는 것 같아. 그때 우리 벚꽃처럼 환했잖아. 네가 좋아하는 영화에서도 주인공은 늘 살아남았잖아. 어깨 늘어뜨리지 말라니까. 희망 같은 낱말에 밧줄을 맬 시간이야. 안내방송이 객실이 제일 안전하다고 몇 번이나 그랬잖아. 이건 그냥 처음 보는 시험 같은 거야. 지금 누굴 의심하는 건 시험을 망치는 일이야. 움직이지 말라는데 왜 자꾸 안절부절못하고 그러니. 자, 내 구명조끼에 그 불안을 묶어. 불신도 단단하게 고정해. 승무원들은 뭐 하냐고 자꾸 재촉하지 마. 잘 훈련된 매뉴얼이 곧 우리 안부를 물으러 올 거야. 형틀에 묶인 것 같은 구명조끼, 제발 그 표정

좀 풀어. 그래 안심해, 나도 네가 있어 위로가 돼. 우리가 헤어지는 일은 없어. 아직 안녕이란 인사를 남기긴 일러.

식은 꽃

너는, 한여름에도 긴소매 옷에 갇혀 있었다. 내내 두꺼운 감옥이었다.

청춘을 비벼 끈 곳, 사랑이라 믿은 치기의 꽃들은 지지 않았다. 온몸을 꽃밭으로 내놓고도 너는, 꽃피지 못했다. 낡은 때수건에만 이력이 붙었다.

청산하지 못한 시간들이 정색을 하고 눈을 치켜뜰 때 딸아이 말간 눈빛은 추궁이어서 스무 살의 뒷골목은 자꾸 비겁해지고

오늘은 가까스로 꺼진 어제를 갈아 끼울 뿐 어떤 꽃도 어둠이라는 너는,

뜨거웠던 건 사랑이 아니라 넓히지 못한 그늘, 압화처럼 눌러둔 계절들이었다는 너는,

누군가 창틀의 살점을 짓이기는지 머리채 잡힌 네 눈빛이

질질 끌리는데

일찍이 너를 버린 세상을 떨어내듯 감옥을 벗어던지며 담배꽃 문신을 꺼낸다.

암각화, 문득 뜨겁다.

슬픔이 우려지는 동안

당신을 위패 속에 가두자
예보에도 없던 눈보라가 몰아쳤다

절 툇마루에 앉아
다완 속 백련 물 끼얹는 소리를 들었다
파르르 이승 벗는 소리, 그사이 길은 지워지고
구두 속으로 하염없이 발을 집어넣는 눈보라
선뜻 길을 나서지 못하고 있었다

구두 위로 돌탑처럼 쌓이는 눈송이들
내 안의 당신도 쌓였다 스러지고
쌓였다 스러지며 그렇게 스며들었던가

찻잔은 이미 식고 축축하게 젖은 생각은
차 향기와 자리를 바꾸지 않는데
돌아갈
절 건너 풍경은 닿을 수 없는 거리로 멀어지고

이명(耳鳴)처럼 슬픔이

그러고도 오래, 풍경 소리를 냈다

벚꽃 기별

봄마다
한 이레 염문을 뿌리는 사주로 태어난
저 현기증

알 수 없는 곳에서 몸 바꾼
내 눈물들

뺨에 닿는 통증

흩날리는 이목구비 모두
너를 휘발하는 곁눈질이어서

제2부

봄비

툭 투두둑, 빗방울이 흙 마당 이불 홑청 뜯는 소리를 낸다

겨우내 묵은 입 냄새가 확 올라온다

올 풀린 홑청처럼 툇마루에 널브러진 빗소리가 빗방울로 바늘귀를 뀐다

점점 굵어지는 빗줄기, 마름질도 없이 마당을 깁고 있다

졸졸졸 고랑을 낸 시침질이 막히지 않게 빗소리가 빗줄기를 길게 늘인다

담장 쥐구멍에서 움푹 파인 처마 밑까지 꼼꼼한 박음질이 한바탕 지나간다

그대에게 닿을 연초록 안달들 삐죽삐죽 마당 귀퉁이를 수놓고 있다

겨울 관곡지(官谷池)*

지워지지 않는 이름 하나 툭, 건드리자 폭설이 쏟아졌다.

축 늘어진 하늘 한 귀퉁이 바지랑대로 받쳐놓고 관곡지를 걸었다.

연못에 얼어붙은 연밥들, 아직도 발이 빠지는 이별이 있느냐고 묻는다. 꽃을 보내고 난 연밥처럼 우두커니 견딜 흉곽은 어떤 계절이 밝힐까.

눈보라에 떠밀리는 관곡지는 눈알 빠진 검은 구멍의 연밥, 한때 꽃이었던 시간을 서성인다. 추억을 의심하는 발목의 수위는 얼어 있다.

점점 굵어지는 기억들, 미처 걷어내지 못한 꽃잎 몇 장 쳐낼수록 자욱하게 달라붙는다.

질척대는 발걸음 버려두고 눈이 눈물처럼 흘러내리는 건 더 이상 꽃피지 않는 관계 때문일까. 스며들지 못한 마음은 어느 모서리부터 얼어붙을까.

지워지지 않는 이름 위로 눈뭉치를 던지자 푸드덕 날아오르는 새 한 마리, 젖은 발자국 위로 반짝 별이 떴다 지워진다.

---

* 시흥시 하중동에 있는 연꽃 단지.

채석강 도모지*

채석강에 갔었는데요
길이란 길 다 지운 안개 속
층암절벽, 오래 묵은 서책들 켜켜이 쌓여 있었는데요
표지 가득 함부로 찍힌 비바람의 지문들
무참하게 꺾인 해국 한 송이 뒤적이고 있었는데요
책장을 넘길 때마다 찢긴 꽃잎들 뚝, 뚝 흘러들던데요

세상 물정 캄캄하던 지어미 외간남자 향해
파도처럼 몰아치던 연모의 마음 위로
한 겹 한 겹 칠거지악의 죄 쌓아올려 내쫓던
도모지, 아프게 읽혔는데요
맨발로 뛰어다니던 소문의 갈피마다
떠돌이 목수 사내 찾아 헤맨다는 그녀
다시 일어서지 못하는 해국 한 송이로 철썩, 밀려들던데요

구겨진 활자처럼 너덜거리는 추억 따위 돌아보지 않겠다며
밤새 차를 달려 도착한 채석강
도모지로 묻어버린 내 안의 해국 한 송이 어느 벼랑을 기어

가는지

층암절벽 행간마다 부르튼 발뒤꿈치 철철, 만져지던데요

어떤 격정을 지나면 죽음이 그리 담담할 수 있냐며
아랫도리 다 젖은 파도 발목을 잡고
첩첩침묵 문장들 묻고 또 물었는데요
어느 페이지에도 움 틔우지 못한 꽃씨 하나
먼 해풍에 널어 말린 그리움으로 풀썩, 넘겨지던데요.

---

*도모지(塗貌紙): 조선시대 행해졌던 사형(死刑)이다. 보통 집안의 윤리를 어긴 자녀를 죽이기 위해 개인적으로 행해졌으나, 천주교 박해에도 사용되었다. 처형하려는 사람이 움직이지 못하도록 몸을 묶고 얼굴에 물을 묻힌 종이를 겹겹이 바르는 방식이다. 얼굴에 밀착하여 여러 겹으로 쌓인 종이가 코와 입에 달라붙어서 죽임을 당하는 사람은 비명도 지르지 못하면서 질식사한다.

가난한 이별

꿈마다 든 당신은 오지 않고

낭떠러지를 버티고 선 동백꽃 몸때가 꺼내는 계절이 비릿한데

늦게 도착한 기별인 듯 찌이찌이 동박새 울음소리 옮겨 다니며 들뜨는 폐허인 듯

동백꽃 뒷물하는 소리에 허벅지까지 차오르는 빛, 닿는 곳마다 통점인데

당신이 그저 먼 섬 다녀가는 멀미처럼 뚜렷했다가 희미해지길 바랐는데

당신에게 돌아갈 수 없다면, 배수진을 친 저 빨강은 어디쯤에서 달거리를 멈추는지

낭떠러지를 뛰어내리는 꽃잎, 한 우주만을 향해 꽃핀 것인

지 묻고 싶었는데

　파도 소리 물큰물큰 흉몽을 뱉어내는 근처

오이도(烏耳島) 독백

출생의 쓸쓸함 따위
비린 이름 따위
파도 소리로 씻어낸 지 오래됐어야
밀물인 그리움이야 끝내 마칠 수 없지야
生은 호객 행위와 다름없어야
수만 년 엎질러진 울음, 갯벌 위에 선
저 아파트 불빛마저 날 부르는 것 같은데 뭐
누구냐는 물음 어느 쪽이냐는 분류는
널 떠나온 후 해본 적이 없지야
경계에서 흔들리는 것들은
통성명 물비린내도 없이 친연(親緣)의 냄새 풍기거든
어디에도 합류하지 못한 연명(延命)에 쏟아지는
호기심에도 이골이 났어야
끝나지 않은 연애 같다며 내 가슴에
불쑥, 손을 집어넣는 저 허기들을 보라마
내 안에 마르지 않는 너
수억 광년 끓고 있는 바다를 두고도
길 잃은 객지처럼 화들짝 붉어지는

이 심사를 어쩔 것이야
끝내 벗어던지지 못하는 너,
이 등짐을, 이 원죄를 어쩔 것이야

춘화(春畵)

도로변 화단 한 귀퉁이
주홍부전나비 한 마리, 누렇게 잎이 말라가는
개망초꽃 줄기를 느릿느릿 기어오른다
집창촌 입구 호주머니 속 하루의 노동을 세던 사내가
촉수 낮은 백열등 쪽방 매춘부를 찾아들듯
몸이 세운 안테나
기웃기웃 관능에 쑥스러움이 묻어난다
지하방에 던져둔 어린것들이 발목을 잡는 홀아비처럼
꽃받침 주위를 한참 서성이던 주홍부전나비
개망초꽃 지는 오후를 올라탄다
애달픈 것들은 몸 닫는 순간에도
서로의 허기 알아보는 법이라는 듯
명지바람 한 자락에도 찌릿찌릿 고압선이 들어 있다
금세 달아오른 귓불이
냉기 가득한 아랫목 하나 데우고 있는지
가로수들 일제히
눈을 내리깔고 툭툭, 공중에 헛발질을 하고 있다
제 안의 심지에 불을 붙이던 저녁놀이

검은 커튼을 치기 시작하면
총총 호기심을 묻힌 잔별들
하늘 문구멍을 뚫고 있다

슬픔의 외곽

늙은 살구나무 한 그루 수의를 걸친 듯
지상의 마지막 빛으로 둘러싸인
낡은 식당 탁자 위로 그대가 주루룩 쏟아질 때
그 눈물 속에 내가 들어 있지 않아서
노을이 내려놓은 소슬함에 쉽게 젖어들지 못했네
눈자위 붉은 기억의 얼룩으로도 번지지 못한 채
그 저녁 푸른 멍이 들었네

스멀거리는 땅거미를 뭉개고 있던
살구꽃잎 발뒤꿈치만이 내 것인 것 같아서

그대가 살구나무 둥치로 캄캄하게 돌아서는 동안
그 이별은 내 것이 아니어서
안으로 한 발짝도 들어설 수 없었네
만지작거리다 묻어버린 물음으로
쉬 어두워지지도 못했네

간곡한 어제를 뒤적여

등불 같은 내일을 내달지도 못한 채
마주앉은 그대가 아득하기만 했네

가슴속 바랜 꽃무덤
돌 하나 눌러두는 일만이 내 것인 것 같아서

첫사랑 2

먼 창살에 갇힌
눈부신
형량

담벼락의 증언

우레꽃 한 송이
시간의 틈을 비집고
드문드문 진술처럼 풀려나오는 골목

마음의 결계에 묶인
깨금발들
왈칵, 쏟아져 나온다

채 거둬오지 못한
저 오래된 노숙의 행자들

담벼락 모퉁이를 돌아가면

스물둘
수줍은 봄을 건너온
물증처럼 피어 있는 담벼락 키스

꽃바구니 자동차

어두운 골목 버려진 자동차 위 장미꽃바구니 하나 배달되었네요. 어느 닫힌 문 앞에서 돌아섰는지 사랑해, 리본 하나 풀죽어 있네요. 빨강에 매혹된 코가 분리되는 순간 앗, 기억을 찌르는 한 줌 향기 클랙슨이 울리네요.

운전 습관 같았던 연애는 오해의 병목 현상에 너덜거렸어요. 관성 같은 속도가 문제라고 생각해 브레이크를 나눠 밟았지만 한 번의 차선 변경에 어리둥절한 이별을 세워두고 쾅, 마음을 닫아걸었어요. 이별은 길을 꺾는 일, 미련을 끌러 얽힌 교차로를 벗어나는 일, 그제야 삶의 공기압이 팽팽해졌다고 볼륨을 높였어요.

그날 이후 꽃바구니가 이십 대를 조문하듯 다녀갔어요. 보닛을 열고 추억을 점검하게 될까 봐, 다시 꽃봉오리 같은 생각을 밀어 올릴까 봐 전방만 주시했어요. 누군가를 꽃피우고 싶었던 웃자란 허영은 서늘하게 말라가는 시간의 몫, 한 시절이 해독할 수 없는 이정표처럼 멀어졌어요.

시든 자존심을 일으켜 세우듯 덜커덕거리던 추억이 경적을 울리네요. 지나간 것들에는 글썽임 같은 가시가 맺혀 있는지 보닛에 걸터앉은 꽃들에게 안녕, 손 흔들고 싶네요. 순간의 그리움이란 폐차된 자동차에 열쇠를 꽂는 일인가 봐요. 뚝, 뚝, 목이 잘리면서도 향기를 놓지 않은 꽃들이 자동차를 켜 시동을 걸고 있네요.

저 익명의 꽃바구니 자동차 지금 어디론가 가고 싶어 엉덩이를 들썩이네요.

섬진강 이별

이제 막 몽우리 맺히는 봄을 만지작거리며
네가 섬진강으로 떠나겠다고 했을 때
왜냐고 묻지 못했다
내겐 아득한, 영원히 닿지 못할 너는 섬이었다

섬진강 그 푸른 선언의 물줄기
깎아지른 절벽 아래로
순식간에 뛰어내리는 매화나무 꽃잎들
다시는 돌아오지 않을
만장(輓章) 같은 물살 거슬러 올라가면

거기, 풍장(風葬)에 든 매화나무 한 그루
건너다 만 벼랑을 붉은 눈망울로 바라보던 저녁놀
오래 흩날리고 있을까
허공에 던져진 연분홍 무덤
별처럼 태어나고 있을까

발밑의 캄캄함으로

내 안의 어느 거구가
섬진강 뿌리까지 들어 올리고 있는지
탁자 위 찻잔이 오래 흔들렸는데

무엇일까
아무도 눈치채지 못한 물비린내를 엎지르며
출렁, 내가 토해내고 싶었던 것은

길

웃음이 잦아드는 동안
네 눈빛에서 울음이 밀려 나왔어
누군가를 떠나왔다는 것은
제 늑골 아래 사원에 드는 일
마음보다 멀리 나가 서성이던 발자국이
풍경 소리를 냈어
몸에서 꺼내 쓰는 연장 같은 종종걸음으로도
걸어 잠그지 못하는 삶의 동작들이
요사채 댓돌 아래 풀처럼 돋아났지
스미지 않던 웃음소리
절간 허기처럼 떠돌았어

웃음이 다 마르고도
생각의 옆구리를 빠져나가는
마음 사태를 넌 어쩔 줄 몰라 했어
등을 지고 다른 곳을 바라보는 동안
풍경은 몇 장의 모습을 보여주며 뒤척였지
깊은 물길, 마음이 낸 길을 들여다보라고

그 길을 걸으라고 간절한 끈을 움켜쥐라고
차마 말하지 못했어
잘 삭은 가을빛만 손에 쥐고

일몰의 이름

강가에 앉아 건너편 갈대
허옇게 일어서는 주검의 비늘들을 본다

오라는 물고기는 오지 않고
낚싯바늘 끝, 심해어로 돌아선 사랑
아가미 가득 물고 온 소금기를 다 부려놓는다

붉덩물 거친 물살 서로의 꼬리 뛰어오르며
세상이 수초처럼 흔들려도 흔들리지 않는
중심이라 믿었던 고백의 결마다
너는 살아있다
수면 위에 뜬 어긋난 시선마저
불멸의 풍경이라 현혹된, 그리하여

가슴속 격랑을 따라 바다로 간 지느러미
시린 물살의 기억 위로 오래
염전을 일구어야 했던 날들 흘러든다
날개 편 갈대 푸드득 휘저어 놓은 공중마저

텅 빌 무렵 어제보다 길어진 눈자위
한사코 비린내를 버리지 못한다

거둬들인 하루 다 내려놓은 노을이
염도 높은 슬픔 쪽으로 걸어와
작은 물방울에도 곧 허물어질 소금꽃,
그 결정의 안쪽까지
다 만져주고 돌아가는 저녁

너에게 가는 길

며칠째 비가 내렸다

미처 하지 못한 말들이
너에게 건너가는 동안
허우적거릴수록
범람하기만 하는 마음만 넘쳐났다

걷잡을 수 없는 이 사태를
그리움이라 타전해도 될까

너에게 닿지 못한 길
오래 휘어질 때
급물살의 파고(波高)는
간절한 열망 그 중심이 되어줄까

내 안의 광풍(狂風)
그 아우성 위로
며칠째 비가 내렸다

제3부

목련꽃 피는 골목

손맛 좋은 여자가 반죽을 매만지고 있다

햇살 분질러 밀어 넣고 만두를 빚는다
가마솥 그득 봄을 안친다

아랫목에서 윗목까지 방고래 군은 생각을 푼다
옹이 같은 계절 둥근 어깨를 푼다

꽃피우는 일은 안으로 불을 먹는 일

뜨겁게 달아올라
불씨를 톡, 톡, 뱉어내는 여자

참을 수 없는 눈물처럼
만두가 부풀어 오른다

붉은 파밭

저기 대장간이 있다

잘 벼린 칼들 허공을 겨누고 있다

불에서 출발한 기억도 없이
뜨거운 경계에 든
푸른 제복의 무사들

어느 국경을 넘어 왔는지
허공을 가르는 기합 소리
눈시울이 맵다

단칼에 베고 일어섰는지
저녁놀
피비린내를 풍긴다

저 들판
급소 아닌 곳이 없는지

패잔병같이 시든 이파리들마저
풍경 깊숙이 칼날을 밀어 넣고 있다

초승달 칼자국처럼 떠오르고

불두화는 지고

누군가를 기다리다 지친 듯
우물가 불두화도 모가지를 꺾었다
꽃의 자세를 버린 꽃잎
객지처럼 낯선 수면을 시작할 때
빨래하는 어머니 어깨가 잠시 흔들렸다

밥상에서 덜어낸 아버지
누구도 코를 훌쩍이지 않아 슬픔의 깊이는 알 수 없었다
예고된 일기처럼 구겨진 표정들이 둘러앉아
묵묵히 입으로 밥을 날랐다
두레상 얇은 등은
매번 숟가락을 미끄러뜨렸지만
가장자리에도 중심은 있다고 믿었다

밀어 넣든 토해내든 목구멍 같은
긴 터널 하나, 마침내 벗어났다고 생각했는데
낡은 양철대문 들어서는 헛기침 소리 들은 듯
어머니 재채기를 쏟아냈다

객지인 이녁에게 길만 잃었게라,
소매 끝을 건너는 어머니 가시 같은 한 마디에
귓속 빗방울 소리가 소란해졌다

꽃을 버린 불두화나무
느릿느릿 굽혔던 허리가 펴질 때까지
한 줌 허공의 속도에 매달려 있었다

저수지의 구두

이 저녁이 저수지를 두레상으로 쓰나, 촉수 낮은 달맞이꽃들을 켜놓았어. 방죽을 뛰어다니는 잡풀들의 아우성 낯이 익어. 먼발치 순하게 엎드린 산들은 실업수당 받아온 오후처럼 늘어지자고 하네. 어느 여독이 발을 헛디디는지 풀벌레 울음이 높아지고,

하루에도 몇 번 앉은뱅이저울에 오르고 싶었어. 2단 햄버거처럼 두툼해진 어제를 덜어내 오늘을 달아보고 싶었어. 툭 하면 건너오던 구둣발, 시급의 노동엔 부르르 견디는 주먹이 발견되지. 인스턴트 웃음, 자동문은 벌린 아가리를 다물지 못했어.

혀 밑에 용모단정, 이란 말을 감춘 빌딩들은 귀를 열지 않더군. 변기에 기대앉은 청춘을 둘둘 말아 물 내리고 싶었어. 터벅터벅 걷는 가로등 불빛 따라가면 온몸이 녹아드는 고향에 닿을 것 같았지. 숨어들듯 고개를 숙이던 반지하방, 하룻밤 꿈처럼 아득하군.

이력 없는 청춘들은 어디를 서성이다 이 밤에 닿나. 방죽을 어슬렁거리던 나무들이 한 줌 어스름마저 털어 보일 무렵 수면 위로 거울 하나 둥실 떠오르네. 누가 빠져나오든 들어가든 묻지 않는 저 물의 입, 회전문을 옮겨다 놓은 것 같아. 그러고도 질질 끌리는 발걸음, 생각을 묶고 있는 이름 하나 풀어주고 싶군. 아래위로 날 훑던 면접관 같은 수면이 반짝이는 징검돌 몇 개 띄우고 하늘길을 밝히는데.

저문 생각

수종사(水鐘寺) 삼정헌 차 따르는 소리에
툭, 지는 사랑초
식어버린 한 사람을 만지작거렸네

문득 그 옛날 앳된 혼례가 찻잔에 떠올라
등 떠밀려 올라탄 가마 문, 체면을 풀썩 뛰어내린
열여덟 폐허에 귀 기울였네

뒤란 우물처럼 이끼 낀 세월이
운길산 옆구리 굽이굽이 터져 나오는
강물 빛을 받아 넘치고 있었네

돌아가지 못한 곳이 하루 이틀 사흘
데려오지 못한 것들이 날을 새고 달을 새고

꽃잎 한 장 띄운 적 없는 수면 위로
뚝 뚝 두레박처럼 빠져나온 기억들
몇십 년 전 슬픔이 이제 와 들키고 있었네

두고 온 태생 캄캄한 우물물을 마시듯
찻잔의 무게에 더해진 파문,
당신을 저어 마셨네

처음부터 듣고 있었는지 풍경 소리
만장처럼 펄럭이는 저녁놀 앞서
요령잡이로 먼 길 나서고 있었네

모란의 기억

뒤란 장독대 따라 돌며
피멍 든 눈두덩이 하나 부풀고 있다

남편에게 매 맞고 도망쳐 온 옆집 여자
술 취한 발길질에 핏덩이 놓아버린 후
금 간 항아리처럼 줄줄 새던 슬픔이 돋아나 있다

철퍼덕 주저앉은 뒤란에는
쌌다 푼 보따리가 여러 개
그사이 눈물이 피었다 지기를 여러 해

눈이 뜨거워지는 바람의 염문(艶聞)을
잘근잘근 베어 물다 살기 위해
만발한 헛웃음에는 이끼가 피어 있다

길 떠날 채비 마친
저, 애간장
핏빛의 혓바닥을 흐득흐득 흘리고 있다

오래된 강

설거지를 하다 그릇을 놓쳤다
산산조각이 났다

반짝, 눈빛을 거두지 않는
사금파리 줍다 손가락을 베었다

뚝, 뚝, 꽃잎처럼 포개진 핏방울이
어느 날 내 발자국처럼 싱크대를 맴돌다
사방으로 번져 흐려졌다

느닷없이 쳐들어오는 불청객 쫓아내듯
수도꼭지 틀어 핏물 흘려보냈다

밤마다 머리맡에서 나는 물소리에
철철, 젖은 귀가 가꾸던 일기장이
더 이상 펼쳐지지 않았다

11월

발목이 잘린 저 꽃들도 입을 다물었군. 호스피스 병동 201호 피돌기를 멈춘 웃음소리 푹, 고개를 꺾고 있군. 제 몸의 시계추가 멈출 무렵 그림자가 먼저 뛰어내렸다고 꽃잎들이 시들대는군. 시들거나 병든 것에서는 서서히 내려지는 차단기 식물성의 어둠이 만져지지. 저 꽃병 속 흐르지 않는 것들의 물비린내 훅, 풍겨오지.

새벽에 실려 나간 주검 대신 또 무덤 같은 머리통 하나 실려 오는군. 플러그를 뺀 콘센트처럼 움직임이 느껴지지 않는군. 숨을 헐떡이던 병실 공기 순간의 호기심에도 불이 들어오는군. 눈을 감고 있던 낡은 침대가 삐거덕, 플러그를 꽂는군. 남은 생을 일으키기 위해 침대 모서리에 묶여 있는 긴 줄 하나, 다시 팽팽해지고.

옆구리로 만져지는 이 딱딱한 덩어리들, 이곳에서 기억이나 그리움은 방전된 시간일 뿐이라고 말하고 싶지는 않아. 상처며 고통 분노 미움까지 내려놓으라는 위로, 마지막 화두처럼 챙겨두었네. 가벼워서 환한 꽃잎 한 장 아, 하고 꺼지는 그

날을 두근거리네. 접속불량의 한 생이었지만 내가 걸어온 시간들이여 너를 보내며 안녕, 이별은 전류가 남아 있는 건전지처럼 아껴두었네. 아직 손바닥만큼 남은 저 햇살을 데울,

웅크림을 헤아려보다

아파트 담장 밑
밤사이 누군가 똥 한 덩어리 싸놓았다
먼 길 걸어와 숨 턱 놓아버린 웅크림이 전부인
짐승 한 마리, 제 냄새로 써내려간 부고에는
누군가의 뼈와 살이 되리라 품은 독 번져 있고
꾸덕꾸덕 수의를 짓는 시침질에 달라붙은 파리들
새카만 곡소리가 아침을 흔들고 있었다

다음날 그곳 지나다 보니
알몸인 궁티로 가부좌 튼 불뚱이
누군가 부의로 보낸 개나리꽃 줄기로 장례를 치렀는지
봉긋한 꽃무덤 봄빛 조문을 받느라 분주했다
자리를 바꾸는, 끝이자 시작일
길은 어디로든 열려 있었다

폭우 다녀간 다음날 다시 보니
누구의 손 빌려 이장했는지 그 자리 깨끗했다
흔적마저 보시하고 돌아간 부처 한 덩이

이제 막 나뭇가지에 올라 한 말씀 하시는지
개나리 귀때기들 새파랗게 열리고 있었다

월담

옆집 감나무 가지 담을 넘어왔다
햇살 묻은 이파리들 덩달아 따라오고
감꽃들 손 흔들며 마당을 들어섰다

풋감이 쿵, 이마를 찧고

바람이 근황을 부풀리는 동안
저쪽 가지들 일제히 허리를 틀어
담장 안 그늘 화문석을 짜기 시작했다

옆집 마당이 풀어놓은 짐승
고요의 눈동자가 담장을 향해
으르렁거리고 있었다

폐허

네가 떠난 후
뒷마당 텅 빈 자두나무를 삐끔거렸다

둘둘 말아 피운 이름
변변한 반사도 없이 낮달처럼 떠올랐다

가지 끝에 걸어둔 말에도
이빨이 돋아났다

나쁜 울음을 다문 새 한 마리
자두나무 귓불에 입김을 불어넣었다

햇살의 부리가 나뭇가지를 쪼아대
하얗게 바랜 피가 쏟아졌다

오동나무論

아무도 살지 않는 고향집
어머니 손때 묻은 아랫목에 누워
녹슨 대문이 붉은 이마로 킹킹대는 밤을 듣는다
창호지문으로 스민 달빛이
두레박 오르내리는 소리를 자리끼로 따라준다

선잠을 둘둘 말아놓고 밖으로 나오자
우물은 켜켜이 쌓인 적막을 씻어낼 생각을 않는데
보름달 늙은 오동나무 등목을 해주겠다고 팔을 걷어붙인다
길게 벗은 등허리 꽃 대신 밀리는 옹이 위로
싸늘한 달빛 한 두레박 쏟아붓는다

맏딸 혼수용 장롱이라며 어머니 시집와
맨 먼저 심었다는 오동나무, 평상 같은 그늘 위로
늘 지아비에게 휘둘렸던 어머니를 앉혀 본다
입 벌린 병석(病席) 허기졌던 풍경이
사는 건 빈 손바닥으로 떠 담는 물 같은 거지,
바싹 마른 나뭇잎으로 툭 떨어져 내릴 때

식구들 끼니가 떠난 우물 바싹 말라 있다

큰언니 시집갈 때 미처 따라가지 못한 오동나무
등줄기로 달빛 쏟아질 때마다
아픈 꿈을 꾸는지 푸른 멍이 든다

어머니, 이승의 설거지 끝내는 날
걸치고 떠날 옷 한 벌 돼 달라던 부탁에 등을 대본다
풍덩, 깊은 관 하나가 내 몸속으로 뛰어든다
급히 가시느라 미처 챙겨 입지 못한 수의 한 벌
거친 내력의 나이테가
내 오랜 허기에 안부를 물어온다

찰나를 걷다

어머니 장례 치르고 돌아온 고향집
댓돌 아래 코고무신 속
두꺼비 한 마리 들어앉아 있다

뭇별처럼 멀어진 어머니
벗어놓고 간 자세를 우물거리고 있다
물려받은 허물 한 자락이 제 거처라는 듯
갈라지고 튼 집 한 채 자랑처럼
제 슬하에 두겠다는 듯 천연덕스럽다

툭 튀어나온 눈동자 속
산등성이 올라가는 길 하나 구불구불하고
밥그릇 같은 무덤 하나 솟아난다
그곳과 이곳이 다르지 않다는
안부 뛰어 내려오고
울퉁불퉁한 생각들 다시 가지런해진다

노을이 풀어놓은 찰나의 영원

그 시간을 나서지 못한 코고무신
주인 잃은 집은
다시 꽉 차서 뜨거운 우주

한 생을 밀고 가는 배 한 척
물 없는 바다를 끔벅끔벅 건너고 있다

방울토마토

꽃이 도망갔다

곁눈질 잦은 어미처럼
계단을 마당을 골목을 노랗게 흘리다
아랫목을 가볍게 털어내고

한뎃잠을 자는지
소식 없는 그 자리에
어미 손을 놓친 비명들
새파랗게 매달려 있다

해의 긴 젖꼭지를 따라다니며
몰래 익힌 울음
젖동냥의 시간이 붉다

건너뛸 수 없는 그리움이
마당을 지나 골목으로 내달리느라
계단을 빠뜨리며 때구루루 구른다

제4부

봄빛

연둣빛 무리를 이끌고 온
혁명가

땅의 혈관마다 일어서는
피, 피들

저 투쟁의 역사는
한사코 번지는 중

빈 목간(木簡)을 읽다

도토리 몇 알로 차린
젖은 질그릇 속으로 보름달이 도착했네요
언제 돌아올지 모르는 끼니를 기다리며
생선뼈로 저녁을 불다 지친 아이들
보름달을 기웃거릴 때
당신을 마중 나간 길은 금세 어두워지죠
그림자로 일렁이던 당신이 영원이 되기까지
따로 내 영혼은 자라지 않았죠
주인 잃은 돌베개가 웅크린 짐승을 닮아가는 밤
당신의 팔베개에서 식은 잠이 갈비뼈 한 귀퉁이를 뒤적여
사그라진 불씨, 당신을 이룩하네요
식은 것은 뜨거웠던 것의 표정이라고 말한 게
둥근 당신이었나요, 날카로운 나였나요
토기를 빚던 손을 빌린 나무둥치가
수신인 당신의 눈 코 입을 묻네요
빗살무늬 캐던 동물 뼈는 잠의 미간처럼 생각이 많아
기다림을 새기기 적당하죠
좀처럼 속내 드러내지 않는 보름달이

당신에게 대신 전할 목간(木簡)을 읽기 위해
더 밝은 높이에 눈동자를 띄우네요
산길을 향해 구부정하게 걷는 달빛
반짝, 허리가 펴지네요
거미줄처럼 널린 감정들이 강물의 명경(明鏡) 속
뾰족한 빗살무늬로 비칠까 옹이는 지우고
새순처럼 돋아날 나를 고르고 고르죠
달빛이 나를 다 읽었다는 듯이
끊기고 번진 그림문자들
새벽빛으로 고쳐 멀어질 때까지

수종사(水鐘寺)

저 강 오랜 칭얼거림에도
귀 멀지 않은 늙은 절 하나 있지

절을 빠져나간 귀가 데려오는 강물 소리
당신과 나, 어느 쪽으로도 숨기지 못한 경계가 묻어나지

일주문을 들락거리는 해우소 앞 은행나무 두 그루
세월 안쪽 누군가 몸 비우러 들어가서 돌아오지 않는지
노복(老僕) 같은 몸, 강물의 나이테로 서성일 때
당신의 처소를 찾지 않는 내 눈물길 가지런해지지

강기슭 물결 해찰하는 보름달 등 뒤로
날짐승 고픈 배를 채우느라 대웅전 앞마당 적요를 쓸어 담는
새벽바람 시린 손가락에도 물무늬 일렁이지

내 기다림의 정체를 눈치채고도 입 꾹 다문 가부좌가
샛별을 향해 반짝, 눈을 치켜뜰 무렵

코고무신 이슬 털고 물빛 탁발 나가는 연둣빛 이파리들
오래 그리운 것들은 제 그림자를 밟고서도 빛을 찾아 나서곤 하지

꿈은 웃자란 비린내를 씻고 말리는 일이라며
풍경 소리에 아가미를 헹구러 올라오는 물고기의 슬픔을 어루만지다 보면
텅 빈 목탁 소리에 똬리 튼 내 가파른 생각들
파랑(波浪)으로 요동치곤 하지

꽃처럼 벙글 어린것 하나 매달지 못한 내 마음의 백팔번뇌
돌계단을 치고 가는 먼 푸른 종소리

저기, 저 긴 말씀 하나 저물고 있지

민들레

함석지붕은 바람이 머리채를 휘어잡을 때마다
녹슨 찌꺼기들 비처럼 쏟아붓곤 했지
문 걸어 잠근 철야작업 짓누르는 어깨에
해수병 앓는 아버지 기침 소리가 더해지곤 했지
서서 먹는 밥그릇 위
꽃잎 같은 동생들 밑반찬으로 얹어지곤 했지
국그릇 속 붉게 뜬 함석 찌꺼기를 별처럼 건져내는
눈빛들은 김칫국보다 더 핏발이 서곤 했지
때로 시비를 거는 숟가락이
보잘 것 없는 뿌리를 건드릴 때면
국그릇으로 뚝, 떨어지던 서러움이 몸을 날리곤 했지
누구라도 들이받고 싶은 머리통들이 엉켜
김칫국물이 피처럼 솟구치던 사원식당
부식된 얼굴이 움켜쥔 머리끄덩이는 누구의 것인지
컴컴한 공중변소를 흐느끼던 스무 살
발밑 판자처럼 삐걱대곤 했지
늘어진 거미줄에 허기를 밀어 넣고
함석 모서리를 불쑥 잡아당기고 싶은 유혹

구멍 뚫린 빗소리가 끓어내곤 했지
선적 날짜 맞추지 못한 봉제공장 마이크
새벽을 으르렁거릴 때면 눈알 벌건 짐승들
불끈, 주먹으로 일어서곤 했지
그때 희망은 얼마큼 잠을 부러뜨려야
꽃피울 수 있는지 적의를 쥐어본 적 없는 주먹들
노루발로 힘껏 어스름을 박아내곤 했지
골목에 늘어선 컨테이너 박스 거대한 아가리에
야성 잃은 짐승들처럼 푹 고개 꺾어질 때면
햇살 비낀 담장 밑
꽃대 밀어올린 민들레가
꽃 피우는 일은 주먹을 펴는 일이라며
안간힘 하나 들어 보이곤 했지

개심사(開心寺)*를 훔치다

그날, 비구니들만 있다는 개심사에 들었지
벚꽃잎 띄운 연못 속 배롱나무 한 그루
수면을 희롱하는 바람에 엉덩이 들썩이고 있었지
어떤 물두멍에도 헹군 적 없는 생각이
벚꽃 사태로 붉어진 민망함을 감추려 슬쩍
들여다본 거기, 휘어진 세월로 묵묵한
심검당(尋劍堂) 배흘림기둥 사내 하나와 눈 마주쳤지
언제 저 침묵에 날 건네준 적 있었던가,
온몸의 피가 수런거렸지
벚꽃처럼 흩날리는 군눈이
검(劍)을 세상을 내려놓은 형상 하나를
처마 밑으로 끌어들인 불온한 밤을 데려오고 있었지
숨 가쁜 풍경 소리
내 몸의 우주를 함부로 열어젖혔어
번뇌는 속세 떠난 것들이
꽃잎 한 장에 따로 낸 창이었던가
내 달아오른 귓불에 덩달아 번지는
불립문자(不立文字) 위로

대웅보전 헛기침 소리 잦아져도
상왕산, 연둣빛 볼륨을 한껏 높였어
왁자하게 몰려나온 봄빛에 떠밀리며
배흘림기둥으로 스미고 싶은
한 줄 간절한 나이테, 위태로운 열망을 좇았어
그때 해탈문 문설주 사이 아무도 눈치채지 못한
활시위 하나가 날 팽팽하게 겨누고 있었지
스무 살의 과녁처럼 난 무방비였어

일탈은 이미 매진이었지.

---

*충남 서산시 운산면 상왕산에 있는 절.

출문간월도(出門看月圖)*

꽉 잠긴 고요
개 한 마리가 물어뜯어
왁자하게 터지는 별들

온 동네 개들이 다 돋아나
오동나무 우듬지에 걸린 달빛
아랫도리 벗기고 있는

만월(滿月)의 터진 속살 사이로

젖먹이 대신 통장 들고 야반도주한
이국(異國)의 며느리 찾아
낯선 도시 킁킁대는 늙은 아들
무너진 억장 거덜 난 꿈을 다독이는지

오랜 적막이 일으켜 세운 혼잣말 사원(寺院)
낡은 풍경으로 매달린 노파 밭은기침 소리가
제 안의 헛것 탁, 탁 내리치는데

동구 밖까지 마중 나간 길섶 개망초꽃
애간장의 죽비를 맞은 듯
주르륵 흘러내리는 별빛

탱자나무 울타리가 일일이 다
종소리로 받아내고 있는,

---

*조선 후기 김득신(1754~1822)의 그림. 문을 나서 달을 보다.

쉼표
—은행나무 모자

늘푸른아파트 놀이터 은행나무가
중절모를 쓰고 있다
아이들이 파헤친 뿌리 위에
일회용밴드처럼 붙여진 모자
오랜 노숙이 해지고 갈라져 있다

시큼한 냄새를 달고 다니는 당신처럼
아침이면 낯선 길을 향해 뒤집혀 있거나
이름 모를 풀씨들을 알처럼 품고 있기도 했다

어둡고 찬 바닥 위로 희미한 손바닥 내밀던
신문지 한 장의 자리를 펼치면, 보였다
은행나무가 제 안을 뒤져 모자의 맨발 위로
건네주던 이파리 같은 신발 한 짝
상처는 그늘이 드나드는 열린 문 같았다

반쯤 풀린 눈으로 하루를 어슬렁거리다가
이내 한 조각 박스 위에 오랜 길 부려놓고

쉼표로 졸고 있는 당신처럼
놀이터 떠들썩한 하루가 집으로 돌아가자
모자가 은행나무 밑동을 벗어나 노숙으로 지친
제 남루를 뒤척이고 있다

공터 같은 겨울 지나 모자가 툭툭,
자리를 털고 일어서면 초록 눈의 새싹 하나가
밤새 덮고 있던 우주, 신문지 한 장 빼앗긴
떠돌이 잠처럼 두리번거리며 제 움막을 찾고 있을

치매

당신이 빠져나간 기억 뒤에
무너진 움 하나 있지
한여름에도 대여섯 겹
내복 속 계절들 뭉크러져 있지

꺼내려고 하면 앙다물어 버리는
생각의 입구, 때로 달려드는 소멸을 향해
안간힘으로 눌러쓴 메모장
텅 빈 눈빛이 어둠을 캐고 있지

시간은 무너지고 무너져 출구 없는
동굴을 빚는 버릇이 있지
아줌만 누군데 남의 집을 들락거려요?
질척거리며 빗물 다녀가고
냉기가 옆구리로 파고들어 동굴은
흙을 끝낸 바위에 가까워지지

어디쯤에서 놓쳤는지 당신은 없고

어제의 들판이, 광주리가, 쑥이 복원되는 오늘

엄마 밥 줘,
내 캄캄한 자궁을 이제 막 빠져나온 듯
말간 얼굴에 불이 들어오지
우리 아기 배고프구나,
당신이라는 기억으로부터 도망치던 날들이
등 뒤로 하염없이 무너져 내리던 뒤란이
허방의 헐거에 들었던 표정이
푹 곰삭은 유년 한 토막을 차려내지

매화나무 수유(授乳)

섬진강변 매화나무 그늘 아래
돌아앉은 좌판의 여자 품속
배냇짓하는 젖먹이 고물고물 젖 빠는 소리에
봄볕 칭얼대는 매화나무 가지들
앞섶이 열리고 망울망울 젖살 오르는 소리

살짝 훔쳐보는 입 안 가득
하르르 목젖을 넘어오는 묽은 기억들
고단했던 당신의 날들이 아득한데

지나가는 은근한 눈길에도 아랑곳없이
지 새끼 입으로 먹을 것 집어넣는 어미가
남의 이목 가리겠냐며 풀어헤친
길거리 삶이 플라스틱 바구니 풋것마냥 수북한데

다 내려놓지 못한, 벼랑같이 가파른
이승의 모퉁이 돌아가서는
내 생의 앞섶으로도 금세 물기가 돌아

뒤에 오는 순연한 당신
그 여린 투레질에 물큰한 몸 한 꼭지
오래오래 물리고 싶은데

아련한 몸살기로 몰려오는
저 젖무덤 쪽으로
낯 두꺼운 면목 잠시 내려놓고
봄빛 옆구리 툭, 툭, 차대며
한 열흘 자지러지게 번져도 좋겠다 싶은데

봄이 오는 길

가랑비에 발목 적시며 언 강물 소리 왁자하게 건너간 후

빈 둥지를 쪼던 바람의 부리가 제 어깻죽지 털어 털갈이한 후

논두렁 어슬렁거리던 미루나무 발뒤꿈치가 툭, 툭, 마른 물꼬를 트기 시작한 후

뒤웅박 속 묵은 씨앗들이 새벽잠 훌러덩훌러덩 걷어찬 후

헛간에 걸려 있던 그대의 쟁기 날이 내 가슴 한차례 갈아엎은 후

은행나무를 일으켜 세우다

음식물쓰레기를 쏟으려고 뚜껑을 열자
은행 알들 소복하다

허공을 향해 와르르 쏟아내는
저 말간 말들
生인지 주검인지 알아듣지 못하는데

나무 한 그루를 잉태한 몸
허드레 악취 벗어던지고 나면
수백 년 가부좌로 속세를 굽어볼 수 있을까
한 마을의 수호신으로 늡늡할 수 있을까
궁리 중인 듯, 자그락자그락
자리를 바꾸고 싶은 외침 요란하다

오 촉짜리 등 같은 저 눈빛의 뚜껑
슬쩍 열어두고 돌아선다
햇살도 바르지 않은 이파리 반짝이도록
초록의 청산유수에 우북한 뿌리가 돋아나도록

오이도를 다시 쓰다

버려진 한 마리 물고기처럼 웅크렸던 섬은
뭍으로 올라올 때 길 끝 수평선을 다물었다

하루는 물고 온 망각의 바다가
하루는 물어 오지 못한 기억의 바다가
검은 수초처럼 매달렸다
낯선 폐선의 냄새로 부르튼 아가미
깊고 차가운 비린내로부터

흔들리고 떠밀리는 생의 파문
서툰 투망질마다
해무가 산란한, 자라다 만 말[言]들이 건져졌다

갈매기 울음에 둥지를 튼 등대가 밤새
섬 아닌 섬, 객지 같은 몸 뒤척이고 나면
만선의 깃발 하루를 깨울 신문처럼 펄럭이며 돌아오고

바다와 뭍을 오가는 집배원 바람이

파도 소리에 귀를 대고
버리고 온 주소 고향을 받아 적는다

썰물이 빠져나간 갯가
바다 뼈처럼 드러나는 드문드문 조개들
어미가 자식에게 보낸 간절한 사연처럼 박혀 오면

눈 코 입 없는 희망을 향해 다시
꼬리지느러미를 힘차게 흔드는 저,
끝내 섬의 이름을 지우지 못한 한 마리

다시 시작되는 태초인 양 뻐끔뻐끔
뱉어내는 문장들이 오늘 싱싱하다

너를 읽는 법

먼 풍경 밖 비탈
소나무 한 그루
뼛속 기별이 따끔따끔하다

흙 한 줌 없는 바위
떠나온 생모의 얼굴을 꾹 다문 채
서슬 푸른 흡착력으로 뿌리내렸을
씨앗 한 톨의 절규를 듣는다

구부러지고 뒤틀린 자세는
단별의 침묵이
제 안의 유배지와 타협한 것

위태로운 희망이 고삐를 묶는
먼 풍경 밖 비탈
바람이 허공을 타종하는 소리에 찔릴 무렵

저녁놀이

다시 뾰족뾰족한 계절을 묻고 있는 생을
길게 안아주고 있다

백련(白蓮)에게 묻다

세상 모퉁이를 돌아나가던 네 살 언니 엄마 얼라 운다 젖 줘라, 희붐하게 만져지는 말을 열고 밖으로 나오자 흐린 초승달 꿰어 신고 누가 막 이승을 건너갔는지 흰 버선 발자국들 피어 있다.

약 한 첩 써보지 못한 가난한 목숨이 다녀간 듯, 시퍼런 발목들 우북하다. 목숨에도 덤이 있는지 미처 꽃피우지 못한 생이 다른 생에게 내어준 탯줄 같은 자리에 묶인다.

마지막 불꽃 불어넣어 주던 조등(弔燈), 주먹밥 합장하고 선 백련(白蓮)의 허기 위로 숟가락 하나 건네지 못한 나는, 제 목숨 가라앉혀 꽃피운 잠언들 다 알아듣지 못한다. 다만 물 밑 진흙처럼 웅얼거리며 발 디딘 그곳은 어떤가, 적막 같은 물음 하나 수면 위 졸고 있는 바람 가까이 내려놓고 온다.

해설

맨드라미 붉디붉게 피는 오늘

최서진 시인·문학박사

1.

시인의 일은 심연과 치열한 대치(對峙)를 통해 인간과 세계를 꿰뚫어보는 이해의 창문을 하나 더 열어주는 것이다. 시적 언어는 노래이자 삶과 죽음을 껴안는 이미지이다. 실존 그 자체처럼, 시간의 흐름인 시의 언어는 죽음과 삶을 동시에 긍정하고 부정하기도 한다. 최분임은 “당신이 모르는 방향으로/당신이 알 수 없는 속도로”(「첫사랑」) 인간의 고독을 길 위에 배치한다. 그 고독은 인간의 역사에 대한 필사적인 진정성의 표현이다. 우리는 매 순간 삶을 살아내는 존재이다. 그 순간은 생성하고 흘러넘치면서 끊임없이 새로운 시작인 죽음을 향하여 열려 있는 시간이다. 시는 실존의 한복판에서 가벼운 것과 무거운 것, 삶의 낮과 밤을 보여준다. 그 보여주기를 통해 인간이 자신으로부터 빠져나오는 동시에 근원적 존재로 돌아가게 만든다. 시인의 열렬한 시적 순간이 믿음직하고 아름답게 보이는 이유다.

최분임의 시에서는 연약한 존재가 연약한 존재들을 위로하는 다정한 표정이 감지된다. 시간이 삶이라면 시간이 사람이라면 그 존재하는 세계의 이름을 불러주는 것은 중요한 일이다. 시인은 홀연 자신의 사명을 이해하고 고독한 놀이를 시작하게 된다. 시간은 고독한 순간으로서 분명히 존재하는 세계이다. 그 세계를 이루는 질료들이 저마다의 추억을 끌고 미래에서 과거로 비상하는 것을 바라본다. 그것은 “칼끝을 대지 않아도 뭉크러지는 마음은/당신이 가미된 단맛이라/슬픔만 따로 꽉 깨무는 씨앗이 필요하다”(「복숭아의 꿈」)는 대목에서 묻어난다.

최분임은 시를 통해 삶의 이면에 감추어진 뒤안길을 연다. 그것이 삶에 대한 고통스러운 자각일지라도 기꺼이 감내한다. 그리하여 그의 시적 존재는 진한 공감과 보편성을 획득한다. “뒤돌아보면, 그리움은 그림자조차 거느리지 않고 피는 꽃 아니던가요. 뿌리도 모르고 향기도 없이 왈칵, 쏟아지는 허방 아니던가요.”(「매조도(梅鳥圖)를 두근거리다」)와 같은 시적 인식을 통해 우리는 인간이 가진 그리움의 속내를 깊이 들여다볼 수 있다. 이처럼 그의 시적 내공이 독자들에게 읽어버린 시간과 삶의 편린들을 아프게 되새기게 한다. 이 슬픈 탐험이 시편들을 통해 이어지며 다시 자신이 되기 위해 분투한다. 이 필사의 시 쓰기가 삶의 상실을 기록하면서 새로운 맨드라미 붉디붉게 피는 오늘을 열어놓고 있다.

2.

"간절하지 않은 생은/어디에도 없다"(「부활초」)는 시인의 문장을 읽는다. 인간의 운명은 언제나 간절함이라는 길 위에서 있다. 그 깨달음을 발견한 시인의 삶은 진정 자유로울 것이다. 인간은 세상의 길을 잃어버릴 때 마침내 자기 자신에게 가깝게 다가가게 된다. 시를 쓰며 산다는 것은 어쩌면 잠재돼 있기는 하지만 실재하지 않는 세계에 도달하기 위해 방랑의 길을 떠나는 일인지도 모른다. 가능하다면 혹은 불가능할지라도 산책을 멈춰서는 안 될 일이다. 이 아름다운 실존의 허기가 손끝을 따라 한곳에 고정되지 않은 채 허공을 향했다가 끊임없이 의미의 바다를 부유하고 있다.

하늘의 미간에 낀 먹구름을 의심하는 동안
뿌리의 수심은 수십 리 눈물길이다
이곳에서 비가 허락하는 일이란
말라버린 꿈을 맹렬하게 불러보는 일

툭 툭 빗방울 듣던 아랫도리
비릿한 잉태의 자세로 돌아서는 순간
일제히 무덤을 걷어차는 씨앗들
싹이 꽃이 열매가 강박의 속도로 온다
길들여지지 않은 방향에서
식은 핏줄들

부활한 맨발의 한 生이
또 한 죽음으로 달려가는 그 사이
매파(媒婆) 같은 찰나가 뜨겁게 서 있다

—「부활초」 부분

"말라버린 꿈을 맹렬하게 불러보는 일"은 우리 앞에 펼쳐지는 어떤 존재에 대한 증명처럼 보인다. 빛이기도 하고 어둠이기도 한 "뿌리의 수심은 수십 리 눈물길이다". 놀라운 생명력을 지닌 '부활초'는 자신을 사랑하는 일에 관한 이야기이며, 나아가 끊임없이 만들어가야 할 삶의 시간이기도 하다. 옥타비오 파스는 "시는 의미와 의미의 전달이면서 언어를 넘어서는 어떤 것이며, 언어를 넘어서는 어떤 것은 언어를 통해서만 다다를 수 있는 것"이라고 말한다. 그 덕분에 우리는 존재에 대한 새로운 시적 경험에 참여할 수 있다.

스스로를 바로 세우고 삶을 지속하기 위해서 "싹이 꽃이 열매가 강박의 속도로 온다”. 이것이 삶의 속성인 것이다. “길들여지지 않은 방향에서/식은 핏줄들”은 긴 시간을 통해 삶이 어떻게 진화되어 나가는지 밝힌다. “부활한 맨발의 한 生이/또 한 죽음으로 달려가는 그 사이” 에서 존재의 열망과 고뇌의 호흡을 본다. “매파(媒婆) 같은 찰나가 뜨겁게 서 있”음을 환기하고 있다. 다음 시에서는 ‘맨드라미꽃’이 ‘매파’ 같은 구실을 한다.

담벼락에 줄지어 선 입술들이
화농처럼 들뜰 때
번번한 몸뚱이도 없이 잠시
사창가 어느 골목이 펼쳐지고 있다

골목에 기댄 사연들 한 계절 반짝 피는데
평생의 핏빛을 다 쓰는지 하나같이 붉디붉다

낮은 키가 건네는 앳된 추파
너를 맞닥뜨린 시간을 마구 휘저어놓는다
손가락질이 포함된 붉은 조명이
네 속살보다 먼저 신파 같은 웃음을 터뜨린다

삶은 때로 맨몸을 해석하고 남겨진 화대 같은 것

세상 어디에나 있을 손때 같은 것
허둥대며 돌아서는 혀에 오톨도톨 돋아난 혓바늘 무성
하다
등 뒤 깔깔거리는 네 위악의 배웅이 검붉다

정수리 구불구불한 역마살이
마지막 자존심처럼 치켜든 볏의 자세
바닥나는 순간까지
꽃의 형량을 살고 있는 너

가까스로 골목의 혈색으로 팔리고 있다

—「맨드라미」 전문

시인은 담벼락에 줄지어 선 맨드라미들을 바라보면서 어느 붉은 골목의 풍경을 연상하고, 그 풍경을 이루는 존재들의 피눈물 나는 막다른 삶을 통해 존재와 삶의 이면에 드리워진 보편적 속성을 들여다본다. 맨드라미꽃의 붉은 형상을 "바닥나는 순간까지/꽃의 형량을 살고" "평생의 핏빛을 다 쓰는지 하나같이 붉디붉다"고 하면서 "삶은 때로 맨몸을 해석하고 남겨진 화대 같은 것/세상 어디에나 있을 손때 같은 것"이라는 성찰로 이어가는 것은 바로 그런 인식의 꼬리 물기를 반영한다.

이렇듯 맨드라미꽃을 바라보는 시인의 상상력은 독특하다. 그것은 '꽃=여인'의 보편적 상징이 '맨드라미꽃=매춘부'라는 상징으로 전이되는 과정에서 비극적으로 확장된 결과이다. 이것은 아름다움에 대한 시인의 역설적, 또는 아이러니적인 인식을 반영하는 동시에 결국엔 어떤 삶이든 아름다움과 절실함과 희생이 없을 수 없고 또 비극성과 속죄의 그늘도 따르기 마련이라는 존재의 고독을 나타내는 것이기도 하다. '화농' '핏빛' '추파' '신파' '화대' '손때' '위악' '역마살' '형량' 등의 시어에 내포된 절절한 비극성에도 불구하고 "마지막 자존심처럼 치켜든 볏의 자세"라는 표현에 드러나는 희극성으로 이끌어간 것은 바로 어느 한 방향으로, 단순하게 해석할 수 없는 복잡다단한 삶의 이치를 드러내고자 한 표현적 장치이다. 이를테면 '미인박명'을 연상케 하는 "꽃의 형량"이라는 표현에 들어 있는 역설과 아이러니가 존재와 삶의 곳곳에 잠재되어 있음을 시인은 맨드라미를 통해 보여준다.

그러나 그보다 더 크고 보편적인 진리는 누구나 한 시절 피었다 사라지는 존재라는 점이다. 그래서 시인은 모두 죽어가는 것들을 사랑해야 한다는 존재의 성찰로 삶의 미학을 완성한다. 어둠 속에서도 길을 잃지 않기 위해 꽃을 응시하는 시선. 존재들의 비극적 현실을 시인의 눈으로 포착하여, 마지막 안부를 묻는 시인의 풍경에 고인 맨드라미는 붉다. 이렇게 자신과 조화하는 법을 알 수 있을 때만이 우리는 삶과 평화를 이룰 수 있을 것이다.

3.

시인은 「식은 꽃」을 통해서도 비애의식을 형상화한다. 대상을 통해 자신도 어찌할 수 없는 고통의 흔적들을 응시하고 끌어내면서 자신이 살아있음을 자각하고 세상에 모습을 드러낸다. 이 행위를 통해 시인은 자신을 관통한 오랜 상처들을 위로받고 싶어 한다. 시인이 조형한 이미지들은 다양한 층위에서 의미를 갖는다. 시적 이미지는 관념을 구체화하고 스스로 실존의 진정성을 창조한다.

> 너는, 한여름에도 긴소매 옷에 갇혀 있었다. 내내 두꺼운 감옥이었다.
>
> 청춘을 비벼 끈 곳, 사랑이라 믿은 치기의 꽃들은 지지 않았다. 온몸을 꽃밭으로 내놓고도 너는, 꽃피지 못했다. 낡은 때수건에만 이력이 붙었다.
>
> 청산하지 못한 시간들이 정색을 하고 눈을 치켜뜰 때 딸아이 말간 눈빛은 추궁이어서 스무 살의 뒷골목은 자

꾸 비겁해지고

오늘은 가까스로 꺼진 어제를 갈아 끼울 뿐 어떤 꽃도 어둠이라는 너는,

뜨거웠던 건 사랑이 아니라 넓히지 못한 그늘, 압화처럼 눌러둔 계절들이었다는 너는,

누군가 창틀의 살점을 짓이기는지 머리채 잡힌 네 눈빛이 질질 끌리는데

일찍이 너를 버린 세상을 떨어내듯 감옥을 벗어던지며 담배꽃 문신을 꺼낸다.

암각화, 문득 뜨겁다.

—「식은 꽃」 전문

「식은 꽃」에 대한 물음은 삶에 대한 끝없는 물음이기도 하다. 별자리들이 쏟아질 듯 "암각화, 문득 뜨겁다."는 꽃의 오래된 시간을 그려 보인다. 돌아갈 곳이 없다는 꽃의 물음, 높고 어두운 시간을 바라본다. 한번쯤은 인간의 정신이 '암각화'의 폐허를 거쳐 왔으리라는 사실을 상처들에서 헤아린다.

"한여름에도 긴소매 옷에 갇혀 있었다. 내내 두꺼운 감옥이었다."는 사유와 "온몸을 꽃밭으로 내놓고도 너는, 꽃피지 못했다."는 자기 상실감을 가늠하며 숙고를 거듭하고 있는 시. 시는 모든 생명이 품고 있는 존재의 가능성을 열어준다. "청산하지 못한 시간"에 대한 허기가 어둠으로, "뜨거웠던 사랑"에 대한 허기가 그늘로 번져가며 부단히 일어난다. "감옥을 벗어던지며 담배꽃 문신을 꺼"내는 순간은 어둠 속에서 전등이 켜지는 순간이다. 생각한다는 것은 숨 쉬는 것이다. 꽃이 자기 자신과 화해하는 시간을 압축해 제시한다.

환지통 같은 기억을 거슬러 가면 거기, 채 피지 못한 꽃봉오리 묻어버린 가야는 지금 홍성한가요. 돌개바람에 꽃을 다 쏟아버린 탱자나무, 제 가시에 찔려 피 흘리던 세월은 눈도 귀도 없는 먼 태초의 이야기인가요.

사립문에 기댄 당신의 마고자가 털썩, 떨어뜨린 달빛을 다녀오곤 했어요. 이루지 못한 인연이 건넨 금동 귀걸이 한 짝, 신혼이다가 고물거리는 아이들까지 보여주었지요. 속죄하듯 밤마다 무덤을 파고들던 피리 소리, 어느 쪽 귀에 묻어뒀는지 가물거리네요. 육탈이 접은 생의 풍경들 다 일으켜 세우고 나면 다시 상처 같은 들창 하나 낼 수 있을까요.

> 모두의 관심은 사라진 내 오른쪽 귀걸이에 쏠려 있군요. 징표로 주고받은 연모의 귓불에도 현미경을 들이대는군요. 그럼, 주검을 섬기기 위해 죽음 쪽으로 돌아눕던 슬픔은 발견되지 않았나요. 사금파리처럼 깨진 내 꿈은 언제쯤 발굴될까요.
>
> —「실리콘 소녀의 꿈」 부분

소멸에 대한 인식, 그리고 거기서 비롯되는 안타까움이 「실리콘 소녀의 꿈」을 통해 발견된다. 시인은 고분에서 발견된 가야 여성 인골에서 체험되는 상실의식을 강하게 표출시키고 있다. "돌개바람에 꽃을 다 쏟아버린 탱자나무, 제 가시에 찔려 피 흘리던 세월은 눈도 귀도 없는 먼 태초의 이야기인가요."라고 묻는 묵은 슬픔이 표출된다. 화두처럼 던져진 이 질문은 "육탈이 접은 생의 풍경들 다 일으켜 세우고 나면 다시 상처 같은 들창 하나 낼 수 있을까요."라는 질문으로 이동하며 삶과 세계의 원리를 이해하고 변주한다. "모두의 관심은 사라진 내 오른쪽 귀걸이에 쏠려 있"다는 말이 암시하고 있는 바는 무엇인가. 부조리한 것에 대한 존재의 독백에 귀 기울여 볼 필요가 있다. "그럼 주검을 섬기기 위해 죽음 쪽으로 돌아눕던 슬픔은 발견되지 않았나요."라는 새로운 질문으로 우리 삶에 진실을 일깨우며 오래 기억에 남는 풍경이 된다. 질문이 만들어내는 운동을 통해 우리의 삶을 비추는 아픈 시간의 현재성을 획득해간다. 위의 시는 보이지 않는 "사금파리처럼 깨진 내 꿈은 언제쯤 발굴될까요."라는 시인의 인식적 태도, 곧 존재에 대한 시인의 회의적인 내면세계를 형상화한 것임을 보여준다. 순장되었던 소녀의 슬픔이 시인의 고독감과 연결되며 그럼에도 불구하고 꿈을 버릴 수 없다는 믿음이 뜨겁게 내재해 있다.

4.

시적 몽상은 새로운 세계로 들어가는 것을 가능하게 해주며 비현실적 시간 속에서도 살게 만든다. 새로운 세계로의 진입은 단조롭고 단순한 세계를 벗어나 삶을 역동적인 공간으로 이동시켜주는 역할을 담당한다. 그 공간을 획득하거나 버리는 것은 우리의 몫이다. 삶의 풍경을 두드릴 때마다 더 깊은 곳에서 붉은 달이 뜬다. "먼 창살에 갇힌/눈부신/형량"(「첫사랑 2」) 시가 온몸으로 밀고 가는 사랑임을 확인하는 시간이다. 온몸을 밀고 뜨거운 울음을 삼킨 자만이 인간의 노래를 온전히 이해할 수 있다.

제 안의 심지에 불을 붙이던 저녁놀이
검은 커튼을 치기 시작하면
총총 호기심을 묻힌 잔별들

하늘 문구멍을 뚫고 있다

—「춘화(春畵)」 부분

누군가의 메마른 입술에서 오래 돌보지 않은 '사랑'을 흔들어 깨우는 열림의 속성이 눈부시다. 삶이 삶다운 것이 될 수 있도록 기웃거리고, 올라타고, 헛발질을 하고, "하늘 문구멍을 뚫고 있다"는 삶에 내막을 발설하는 존재를 만난다. 모든 탄생의 궁극은 꽃을 위한 것이며 그 길의 바탕에는 사랑의 시절이 존재하는 것. 그 시절의 풍경이 아름다운 까닭은 상처를 매개로 피어나는 까닭이다. 「춘화(春畵)」를 읽으면 "제 안의 심지에 불을 붙이던 저녁놀이"가 얼마나 눈부시고 황홀한지 알겠다. 두려움 없이 "총총 호기심을 묻힌 잔별들"이 허기로 허공에 줄을 맨다. 영원할 수 없는 인간의 시간과 사랑에 대한 비극성을 집약적으로 보여준다.

세상 모퉁이를 돌아나가던 네 살 언니 엄마 얼라 운다 젖 줘라, 희붐하게 만져지는 말을 열고 밖으로 나오자 흐린 초승달 꿰어 신고 누가 막 이승을 건너갔는지 흰 버선 발자국들 피어 있다.

약 한 첩 써보지 못한 가난한 목숨이 다녀간 듯, 시퍼런 발목들 우북하다. 목숨에도 덤이 있는지 미처 꽃피우지 못한 생이 다른 생에게 내어준 탯줄 같은 자리에 묶인다.

마지막 불꽃 불어넣어 주던 조등(弔燈), 주먹밥 합장하고 선 백련(白蓮)의 허기 위로 숟가락 하나 건네지 못한 나는, 제 목숨 가라앉혀 꽃피운 잠언들 다 알아듣지 못한다. 다만 물밑 진흙처럼 웅얼거리며 발 디딘 그곳은 어떤가, 적막 같은 물음 하나 수면 위 졸고 있는 바람 가까이 내려놓고 온다.

—「백련(白蓮)에게 묻다」 전문

"약 한 첩 써보지 못한 가난한 목숨이 다녀간 듯, 시퍼런 발목들 우북하"다는 아픈 생을 엿듣다. 흙터에서 시작하는 「백련(白蓮)에게 묻다」는 환하고 슬프다. "미처 꽃피우지 못한 생이 다른 생에게 내어준 탯줄 같은 자리에 묶인" 슬픔의 맨살 같은 시다. 살아있는 존재가 오직 아는 것은 삶뿐이기에 "주먹밥 합장하고 선 백련"에게 길을 묻는다. 삶은 죽음을 애도하지만 다시 삶 가운데로 파고들면서 살아가는 "적막 같은 물음 하나" 존재론적 문답을 완성해나간다. 우리가 연습하는 놀이는 삶의 진실에 닿으려는 호흡이다. 사랑이란 언어 속에 사랑이 맺히듯이 상상하고 초월하고 꿈꾸는 삶다운 삶으로 만들려는 존재의 노력이 눈물겹다. "적막 같은 물음 하나 수면 위 졸고 있는 바람 가까이 내려놓고" 삶의 예의를 갖추는 존재의 모습을 떠올린다. 시가 만들어주는 길을 따라 붉은 노을이 하늘에 번지고 있다.

최분임의 존재론적 관점을 보여주는 시편들에서 '꽃'은 존재 진리에 접근하려는 시인의 갈망의 대상으로 형상화되어 있다. '꽃'을 소재로 한 시편에서 시인은 삶의 방법을 '꽃'으로 상징되는 지순한 세계에 비추어 봄으로써 더욱더 '존재론적 고뇌'와 '불안'에 떠는 인간 존재에 대한 의미를 추구한다. 불안을 응시하고 이해하는 일, 그리고 온몸으로 그것을 안아주는 일을 시인은 '사랑'이라고 말한다. '꽃'이라고 말한다. '새'라고 말한다. 불안의 고통이 우리를 키가 큰 나무처럼 성장하게 한다는 시인의 전언을 들으며 잠시 숨을 고른다.

"상처며 고통 분노 미움까지 내려놓으라는 위로, 마지막 화두처럼 챙겨두었네"(「11월」)라는 구절을 가슴에 품고 오래 걸었다. 모든 질문은 일종의 찾아 나섬이다. 모든 찾아 나섬은 찾고 있는 것으로부터 자신의 방향을 제시받는다. 시인은 존재하는 모든 것의 본질을 밝혀내어 사람들에게 그것을 이해시킬 의무가 있다. 시인의 사명은 물질세계에 존재하는 모든 사물의 상징을 찾아내어 정신세계의 본질에 다다를 수 있게 해야 하는 것이다. 그런 점에서 최분임은 멀리 흘러온 강물처럼 뒤를 돌아보며 냉철한 자기성찰의 시간을 갖고 있다.

이 도서의 국립중앙도서관 출판시도서목록(CIP)은 서지정보유통지원시스템 홈페이지(http://seoji.nl.go.kr)와 국가자료공동목록시스템(http://www.nl.go.kr/kolisnet)에서 이용하실 수 있습니다.(CIP제어번호: CIP2018026126)

문학의전당 시인선 0289
실리콘 소녀의 꿈
© 최분임

초판 1쇄 인쇄 2018년 8월 23일
초판 1쇄 발행 2018년 8월 30일

지은이 최분임
펴낸이 고영
책임편집 서윤후
디자인 헤이존
펴낸곳 문학의전당
출판등록 제2017-000002호
주소 서울시 마포구 마포대로 11길 91, 3층
전화 02-852-1977 팩스 02-852-1978
전자우편 sbpoem@naver.com

ISBN 979-11-5896-382-8 03810

* 이 시집은 2018 시흥시 문화예술발전지원사업 보조금을 지원받아 제작되었습니다.